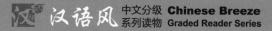

汉语风 中文分级系列读物 **Chinese Breeze** Graded Reader Series

第2级
500词级
Level 2
500 Word Level

Qīngfèng
青 凤 （第二版）
Green Phonenix

主 编 刘月华（Yuehua Liu） 储诚志（Chengzhi Chu）

改 编 谢 勤（Qin Xie）

北京大学出版社
PEKING UNIVERSITY PRESS

图书在版编目(CIP)数据

青凤/刘月华,储诚志主编. —2版. —北京:北京大学出版社,
2017.5

(汉语风中文分级系列读物)

ISBN 978–7–301–28252–6

Ⅰ.① 青… Ⅱ.① 刘… ②储… Ⅲ.①汉语—对外汉语教学—语言读
物 Ⅳ.①H195.5

中国版本图书馆CIP数据核字(2017)第085225号

书 名	青凤(第二版)
著作责任者	刘月华 储诚志 主编
	谢 勤 改编
责任编辑	李 凌
标准书号	ISBN 978–7–301–28252–6
出版发行	北京大学出版社
地 址	北京市海淀区成府路205号 100871
网 址	http://www.pup.cn 新浪微博:@北京大学出版社
电子信箱	zpup@pup.cn
电 话	邮购部 62752015 发行部 62750672 编辑部 62753027
印 刷 者	北京大学印刷厂
经 销 者	新华书店
	850毫米×1168毫米 32开本 2.5印张 39千字
	2009年3月第1版
	2017年5月第2版 2017年5月第1次印刷
定 价	20.00元

刘月华

毕业于北京大学中文系。原为北京语言学院教授，1989年赴美，先后在卫斯理学院、麻省理工学院、哈佛大学教授中文。主要从事现代汉语语法，特别是对外汉语教学语法研究。近年编写了多部对外汉语教材。主要著作有《实用现代汉语语法》（合作）、《趋向补语通释》《汉语语法论集》等，对外汉语教材有《中文听说读写》（主编）、《走进中国百姓生活——中高级汉语视听说教程》（合作）等。

储诚志

夏威夷大学博士，美国中文教师学会前任会长，加州大学戴维斯分校中文部主任，语言学系博士生导师。兼任多所大学的客座教授或特聘教授，多家学术期刊编委。曾在北京语言大学和斯坦福大学任教多年。

谢勤

长期任职于大型国企计算机信息管理部门，高级工程师。爱好语言学及文学，业余从事文学创作，经常在报刊发表散文、随笔及杂记等。

Yuehua Liu

A graduate of the Chinese Department of Peking University, Yuehua Liu was Professor in Chinese at the Beijing Language and Culture University. In 1989, she continued her professional career in the United States and had taught Chinese at Wellesley College, MIT, and Harvard University for many years. Her research concentrated on modern Chinese grammar, especially grammar for teaching Chinese as a foreign language. Her major publications include *Practical Modern Chinese Grammar* (co-author), *Comprehensive Studies of Chinese Directional Complements*, and *Writings on Chinese Grammar* as well as the Chinese textbook series *Integrated Chinese* (chief editor) and the audio-video textbook set *Learning Advanced Colloquial Chinese from TV* (co-author).

Chengzhi Chu

Chu is associate professor and coordinator of the Chinese Language Program at the University of California, Davis, where he also serves on the Graduate Faculty of Linguistics. He is the former president of the Chinese Language Teachers Association, USA, and guest professor or honorable professor of several other universities. Chu received his Ph.D. from the University of Hawaii. He had taught at the Beijing Language and Culture University and Stanford University for many years before joining UC Davis.

Qin Xie

Qin Xie is a senior engineer of computer imformation management of a large enterprise in China and a deligent part-time essayist. She has frequently produced creative writings for newspapers and magazines.

前　　言

　　学一种语言，只凭一套教科书，只靠课堂的时间，是远远不够的。因为记忆会不断地经受时间的冲刷，学过的会不断地遗忘。学外语的人，不是经常会因为记不住生词而苦恼吗？一个词学过了，很快就忘了，下次遇到了，只好查词典，这时你才知道已经学过。可是不久，你又遇到这个词，好像又是初次见面，你只好再查词典。查过之后，你会怨自己：脑子怎么这么差，这个词怎么老也记不住！其实，并不是你的脑子差，而是学过的东西时间久了，在你的脑子中变成了沉睡的记忆，要想不忘，就需要经常唤醒它，激活它。"汉语风"分级读物，就是为此而编写的。

　　为了"激活记忆"，学外语的人都有自己的一套办法。比如有的人做生词卡，有的人做生词本，经常翻看复习。还有肯下苦功夫的人，干脆背词典，从 A 部第一个词背到 Z 部最后一个词。这种做法也许精神可嘉，但是不仅过程痛苦，效果也不一定理想。"汉语风"分级读物，是专业作家专门为"汉语风"写作的，每一本读物不仅涵盖相应等级的全部词汇、语法现象，而且故事有趣，情节吸引人。它使你在享受阅读愉悦的同时，轻松地达到了温故知新的目的。如果你在学习汉语的过程中，经常以"汉语风"为伴，相信你不仅不会为忘记学过的词汇、语法而烦恼，还会逐渐培养出汉语语感，使汉语在你的头脑中牢牢生根。

　　"汉语风"的部分读物出版前曾在华盛顿大学（西雅图）、范德堡大学和加州大学戴维斯分校的六十多位学生中试用。感谢这三所大学的毕念平老师、刘宪民老师和魏苹老师的热心组织和学生们的积极参与。夏威夷大学的姚道中教授、加州大学戴维斯分校的李宇以及博士生 Ann Kelleher 和 Nicole Richardson 对部分读物的初稿提供了一些很好的编辑意见，在此一并表示感谢。

Foreword

When it comes to learning a foreign language, relying on a set of textbooks or spending time in the classroom is not nearly enough. Memory is eroded by time; you keep forgetting what you have learned. Haven't we all been frustrated by our inability to remember new vocabulary? You learn a word and quickly forget it, so next time when you come across it you have to look it up in a dictionary. Only then do you realize that you used to know it, and you start to blame yourself, "why am I so forgetful?" when in fact, it's not your shaky memory that's at fault, but the fact that unless you review constantly, what you've learned quickly becomes dormant. The *Chinese Breeze* graded series is designed specially to help you remember what you've learned.

Everyone learning a second language has his or her way of jogging his or her memory. For example, some people make index cards or vocabulary notebooks so as to thumb through them frequently. Some simply try to go through dictionaries and try to memorize all the vocabulary items from A to Z. This spirit is laudable, but it is a painful process, and the results are far from sure. *Chinese Breeze* is a series of graded readers purposely written by professional authors. Each reader not only incorporates all the vocabulary and grammar specific to the grade but also contains an interesting and absorbing plot. They enable you to refresh and reinforce your knowledge and at the same time have a pleasurable time with the story. If you make *Chinese Breeze* a constant companion in your studies of Chinese, you won't have to worry about forgetting your vocabulary and grammar. You will also develop your feel for the language and root it firmly in your mind.

Thanks are due to Nyan-ping Bi, Xianmin Liu, and Ping Wei for arranging more than sixty students to field-test several of the readers in the *Chinese Breeze* series. Professor Tao-chung Yao at the University of Hawaii. Ms. Yu Li and Ph.D. students Ann Kelleher and Nicole Richardson of UC Davis provided very good editorial suggestions. We thank our colleagues, students, and friends for their support and assistance.

Pu Songling (1640—1715) was a writer who lived in Qing (1644—1911) China. His masterwork *Liaozhai Zhiyi*, (*Strange Tales from a Chinese Studio*), was based on the many legends and folk stories that he had gleaned.

The text we present here is adapted from his story "*Qingfeng*" in *Liaozhai Zhiyi*. In premodern China, many people believed in supernatural beings, and popular imagination was haunted, in particular, by fox spirits that could transform into humans. Some of Pu Songling's stories such as "*Qingfeng*" are refined literary expressions of that aspect of popular imagination.

主要人物和地方名称
Main Characters and Main Places

耿去病 Gěng Qùbìng

a young scholar and a rambunctious man

青凤 Qīngfèng

a girl, and a vixen spirit

胡老先生 Hú lǎoxiānsheng

The elderly Mr. Hu (an old male fox spirit)

孝儿 Xiào'er

the son of the elderly Mr. Hu, and a young male fox spirit

莫三郎 Mò Sānláng

Mo Sanlang, a rich businessman and a friend of Geng Qubing

太原 Tàiyuán: a city in China, the capital of Shanxi province

文中所有专有名词下面有下画线，比如：<u>耿去病</u>
(All the proper nouns in the text are underlined, such as in <u>耿去病</u>)

目　录
Contents

这是很久很久以前的事了。在中国，一说起很久以前的事，就可能说到狐狸[1]。听老人们说，狐狸[1]要是能活[2]几百年不死，就能变成[3]很特别的狐狸[1]。这样的狐狸[1]会变，他们能一会儿变成[3]人，一会儿又变成[3]狐狸[1]。他们虽然有自己的狐狸[1]世界[4]，但是也喜欢变成[3]人，跑到人的世界[4]里，参加到人的生活中。他们比人先知道很多事，也知道很多人不知道的事。他们差不多什么事都能做，只是有点儿怕狗。虽然不知道有没有人见过狐狸[1]变成[3]的小姑娘，也不知道有谁见过能变成[3]小姑娘的狐狸[1]，但是，中国人还是喜欢说这样的故事，也喜欢这样想。很多人觉得这些事情真的发生过。

5

10

15

1. 狐狸 húli: fox
2. 活 huó: live
3. 变成 biànchéng: become, turn into
4. 世界 shìjiè: world

1. 门怎么自己开了？

以前，太原有一家姓耿的，特别有钱，家里有很多房子，一个接着一个的，有的房子还是楼，有楼上楼下，那些房子又大又高又漂亮。耿家在太原那个城市很有名，开了好多家商店，卖吃的、穿的和用的东西，还卖药卖酒。他们每天卖东西得到的钱多极了。他家不只是开卖东西的商店，还开买卖"钱"的商店，也就是现在的银行。可是后来耿家出事[5]了，慢慢没钱了，商店都关门了，家里的房子也多半[6]都不住人了。

有一天，家里有一个人去一个没人住的旧房子收拾东西。他在那儿忙了一天，天黑的时候，他觉得很累，还有点儿冷，就坐下来，想喝点儿酒暖和一下，休息一会儿再走。他刚拿

5

10

15

---

5. 出事 chū shì: have an accident, meet with a mishap
6. 多半 duōbàn: the greater part, very likely

起碗要喝酒，就听见门外边好像有人说话，有人笑，他想出去看看。他刚站起来，就看见门自己开了。他站着没动。一会儿，门又自己关上了，就像有人进来出去一样。开始他想，是自己看错了吧？再好好儿[7]看看……他一直看着门。

时间不长，他看见门又自己开了，然后又自己关上了，还听到有人说话。门就这样自己开了又关上，关上了又开了，有好几次。他前后左右看了看，旁边一个人也没有，只有他自己。他对着[8]门大叫："有人吗？"但是没有人说话，也没有人进来。他慢慢地走到门前，看看门外边，什么也没有看见。他开始紧张起来，怕极了，就很快离开了那个房子。

7. 好好儿 hǎohāor: all out
8. 对着 duìzhe: facing, toward, to

　　从那天以后，这个没有人住的房子，门常常自己开了，然后又自己关上。可是谁也不知道这是为什么。有了这样的事以后，全家人都很紧张。每天天刚一黑，家里人就早早儿把自己房间的门关上了，不再出去。白天⁹大家见面也常常说这件事。这让一家人很难好好儿⁷吃饭，好好儿⁷睡觉，所以他们就搬到别的地方去了。只让

9. 白天 báitiān: daytime

一个看门¹⁰的老人住在这里，看¹¹着这些房子。

虽然没有人住了，但是，这个房子的门还是常常自己开了，又自己关上。还常常能听到有人在房间里说笑唱歌，有的时候还能听到音乐。

耿家的弟弟有个男孩子，名字叫耿去病，是个快乐的人，从小¹²就什么都不怕，还很喜欢新的有意思的事。哪里有好玩儿的事，他都想听、想看。他常常帮助别人，所以朋友很多，他有了问题也有很多朋友来帮助他。有一个叫莫三郎的人，就是他最好的朋友。

耿去病听说这件事以后，很有兴趣，就跑到耿家的那个老房子那里，跟看门¹⁰的老人说："老人家¹³，如果再有这样的事，你一定要快点儿告诉我!"

---

10. 看门 kān mén: be a gateman, look after the house
11. 看 kān: look after, take care of
12. 从小 cóngxiǎo: from childhood
13. 老人家 lǎorénjiā: a respectful form of addressing old people

一天晚上，差不多十二点的时候，老人看见一个房子的楼上一会儿有亮光¹⁴，一会儿又没有了，再过一会儿又有亮光¹⁴了。他马上跑去告诉耿去病：“快点儿，今天晚上那边可能有事！”这时候耿去病已经睡觉了，听了老人的话，他马上起床，衣服都没穿好就往外跑。他想马上过去看看。可是老人又说：“你别去了，那儿大概没有什么好事！”耿去病对老人笑了笑，就一个人去了。

那时候天很黑，但是耿去病还是

14. 亮光 liàngguāng: light

怕别人看见自己，就没有一直走过去。他从房子的后边走，走一会儿，停一下，一点儿一点儿地往那个楼走过去……过了一会儿，他走到那个楼前边，慢慢地开门，慢慢地进去。 5

　　楼下很黑，没有人。他站了一会儿，注意听了听，楼上好像有人说话。他又高兴又紧张。他慢慢地走上楼，开始没觉得有什么不一样的地方，但是，快要到楼上的时候他看见有亮光[14]，还能很清楚地听见楼上的人在说话。 10

Want to check your understanding of this part?
Go to the questions on page 49.

2. 房子里住的是什么人?

<u>耿去病</u>来到楼上。楼上是个大客厅。灯光照得客厅像白天[9]一样。客厅里有一张大桌子,桌子北边坐着一个不到五十岁的老先生。从他穿的衣服看,像个喜欢看书学习的人。桌子南边,对着[8]他坐的是一个四十多岁的女人。老先生左边坐着一个女孩儿,右

5

边坐着一个男孩儿，一共四个人。女
孩子，大概十五六岁，长得很漂亮；
男孩子不到二十岁，长得高一些。他
们都穿着很好看的新衣服。他们的桌
子上放着酒、茶、水果，还有很多菜
和饭。耿去病知道，他们正在吃
晚饭。

耿去病走过去，笑着说："你们
好！对不起，你们没有请我，我自己
来了。"听了他的话，除了老先生以
外，别的人都走了。老先生坐在那里
没有动。他很不高兴地问："你是什么
人？怎么进到我家里来了？"耿去病也
不太客气地说："这是我们耿家的房
子，你们怎么住进来了？还在这儿又
吃又喝的，也不请我们，真是太不应
该了！"听他这么一说，老先生有些紧
张，忙站起来问："请问您是谁？贵
姓？""我是耿去病，是耿家弟弟的孩
子！"老先生笑起来，说："啊，早就
知道，你们耿家是远近¹⁵有名的人
家！真高兴有机会和你见面。"说完，
请他过来一起喝酒，还让人去厨房拿

5

10

15

20

15. 远近 yuǎnjìn: far and near

碗，再多拿一些酒水饭菜来。耿去病坐下来说："碗不用换了，酒水饭菜也够了。你们是什么人，怎么会在这儿？"老先生拿起一碗酒，送到耿去病

5 前面。自己也拿了一碗，说："咱们今天第一次见面，来，先喝一碗见面酒！然后我慢慢对你说。"老先生先把碗里的酒一下子都喝了下去，喝完又让耿去病看他的碗。接着耿去病也像

10 老先生一样，把碗里的酒都喝了下去。

喝了这碗酒以后，两个人都觉得很高兴，说的话也多起来。老先生开始介绍自己的家，他说："我家姓胡，

听我爷爷奶奶说，以前我们家也是比较有名的。"耿去病挺有兴趣地听着。

老先生接着说："咱们两家几百年前就是好朋友，从小[12]家里老人就让我们记住，我们两家是朋友，应该互相[16]帮助，你们有事我们会给你们方便，我们有事，你们也会给我们方便。现在你们耿家有那么多房子，很长时间没人住，所以我们就来到这儿，住在这里了，请你多帮助我们啊！"耿去病说："啊，是这样。我看见你，像看见老朋友一样，好吧，那就不要客气了，把你家里的人也请来一起喝酒吧。""孝儿，出来！"胡老先生叫他的家人[17]。男孩子马上从外边高兴地跑进来，他可能一直在门外边等着呢。

胡老先生介绍说："这是我的孩子，名字叫孝儿，今年十九岁。"两人一见面，对着[8]看了一下，都觉得很高兴，好像早就认识一样。耿去病是个快乐的人，喜欢说笑。孝儿也爱说爱笑，他们在一起觉得很有意思，特别愉快。耿去病二十一岁，比孝儿大两

16. 互相 hùxiāng: mutually, each other
17. 家人 jiārén: one's family members

岁。<u>胡老先生</u>见他们年纪差不多，又很谈得来[18]，就说："以后你们就做哥哥和弟弟吧。"然后对<u>孝儿</u>说："来，你就叫他哥哥。"又对<u>耿去病</u>说："你5 就叫他弟弟。"两个快乐的人你看看我，我看看你，一起叫了起来："哥哥！""弟弟！"然后都笑了。

<u>胡老先生</u>问<u>耿去病</u>："你知道你爷爷写过《<u>涂山外传</u>[19]》这本书吗？"<u>耿去病</u>说知道。<u>胡老先生</u>接着说："你知10 道吗？我的爷爷的爷爷就是这本书上说的<u>涂山</u>[20]人。书里写的历史，我都知道，不过，在那以前还有哪些事，我就不清楚了。今天有机会认识你真高兴，请你再多告诉我一些事。"<u>耿去</u>15 <u>病</u>说："行，我试试[21]把知道的事都说给你们听。"他喝了碗茶，开始讲<u>涂山</u>[20]人历史上的故事：

18. 谈得来 tán de lái: get along well (with somebody)
19. 涂山外传 Tú Shān Wàizhuàn: an anecdotal biography of Mountain Tu
20. 涂山 Tú Shān: a mountain in Anhui province
21. 试试 shìshi: have a try

很久以前，中国很多地方吃水用
水很不方便。常常是想用水的时候，
水不够，不想用水的时候，水又多得
给人带来很多麻烦，还常常死人。那
个时候中国有很多人都想办法治
水²²。治水²²最有名的是一个叫大禹²³
的人。一直到今天，大禹²³还是非常
有名的。大禹²³每年从冬天到夏天，
都跑到各个地方去办这件最大最难的
事——治水²²。有一年，大禹²³带着很

5

10

---

22. 治水 zhì shuǐ: prevent floods by water control, regulate rivers and water
    course
23. 大禹 Dà Yǔ: a king in the old Chinese myth who is believed to be the
    founder of Xia Dynasty (about 2070 BC—1600 BC)

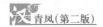

多人，来到涂山[20]。他们白天[9]治水[22]，晚上住在山下。那年夏天，天天下雨，一直下了二十多天，山下的路上、房子里都是水，水多极了。大禹[23]

5 的人只能在水里生活，很多人都生病了，有的病得很重，快要死了，治水[22]的工作只能停下来[24]。涂山[20]人知道治水[22]停下来[24]以后，很快从山上跑下来帮助他们。给他们送来吃的东

10 西、用的东西和穿的衣服，还用车把他们接到山上的大房子里。涂山[20]人

24. 停下来 tíng xialai: stop

找来看病的医生，还从山里找来很多
草药²⁵，给<u>大禹</u>²³的人看病吃药。<u>大
禹</u>²³的人有了吃的东西和衣服，病就
好了，身体也好了，又能治水²²了。
他们走的时候，有一些<u>涂山</u>²⁰人也参加 5
了治水，他们跟着<u>大禹</u>²³一起去了很
多地方。从那以后，大家吃水用水就
方便多了，因为水太多死人的事也少
多了。

  <u>耿去病</u>说这些事的时候，还说了 10
<u>涂山</u>²⁰人不少好话。<u>胡老先生</u>听了非
常高兴，对<u>孝儿</u>说："今天听到的都是
以前不知道的事。<u>耿去病</u>像是咱们自
己家的人，没关系，快请你妈妈和妹
妹出来一起听听。也让大家都知道， 15
我们<u>胡</u>家在历史上也为²⁶国家做过不
少好事呢。"<u>孝儿</u>就去叫他的妈妈和妹
妹。过了一会儿，就听到门外边有人
说："我们来了。"<u>耿去病</u>忙向外面
看，看见一个阿姨和一个女孩子走进 20
来。那个女孩子长得漂亮极了，她的
脸很白，白里还有点儿红。眼睛黑黑
的、大大的，看东西的时候像会说话

25. 草药 cǎoyào: herbal medicine
26. 为 wèi: for

一样，穿的红衣服非常合适。她笑着走过来，十分可爱。她用又黑又大的眼睛看着屋里的人。看见不认识的<u>耿去病</u>，那会说话的眼睛好像在问"这是谁"。她看了<u>耿去病</u>很长时间，然后坐在<u>胡老先生</u>旁边。

5

从她刚一进门，<u>耿去病</u>的眼睛就一下子大起来，一直看着她，脸也热了，觉得天下真是没有比她更漂亮的人了。

10

<u>胡老先生</u>介绍说："这是孝儿的妈妈。这是我哥哥的女儿，名字叫<u>青凤</u>。她喜欢看书，很爱学习，懂很多事，她能把听到的事记得非常清楚，所以让她来听听。"

15

<u>耿去病</u>又说了一些故事，大家听得很有兴趣。<u>耿去病</u>虽然是对着⁸大家说故事，可是他的眼睛老是²⁷往<u>青凤</u>那儿看。过了一会儿，<u>耿去病</u>就只对<u>青凤</u>有兴趣了。他想和<u>青凤</u>离得近一点儿，就对大家说："你们是不是听累了？来，喝点儿茶水！"他用给大家送水的机会²⁸，走到<u>青凤</u>旁边，拿给<u>青凤</u>

20

27. 老是 lǎoshì: always
28. 用……机会 yòng ……jīhuì: take the chance of

一碗茶水，然后坐在青凤旁边，离得
很近地看着她。青凤知道他在看自
己，但是她不看他。耿去病想让青凤
高兴，就从衣服里拿出一本书，对青
凤说："小姐，这是一本非常有意思
的书，你一定会喜欢。送给你。"说完
给了青凤。青凤接过来，看了一下，

5

没说什么，放在桌子上，但是还是不
看他。耿去病想让青凤注意自己，就
在桌子下把自己的一双脚²⁹，慢慢地
放到青凤的脚²⁹上，然后看着青凤的

10

29. 脚 jiǎo: foot

脸。青凤觉得自己的脚²⁹上有东西，一看是耿去病的一双脚²⁹，紧张极了，脸一下红起来，她忙拿开自己的脚²⁹，又看了看旁边，还好³⁰，没有人看见。但是，她没有站起来，没有走，也没说什么。只是把脚²⁹从桌子下拿开，放到桌子外边了。她还坐在那里，东看看，西看看，好像什么事也没有一样。耿去病见青凤没有叫，也没有走，高兴得差一点儿忘了自己姓什么。他想，青凤可能是对自己有点儿意思³¹。他拿起酒，看着青凤，一碗接一碗地喝。他的脸喝得红红的，有点儿不知道自己在哪里了。他一个字一个字地说："要是能有青凤小姐这样的女朋友，让我做国家最大最有名的人，我都不会去！"孝儿的妈妈看他喝多了，都快站不住³²了，怕有麻烦³³，就和青凤先走了。

青凤走了，耿去病马上觉得一点儿意思也没有了。他一下子喝完碗里

30. 还好 hái hǎo: not bad, luckily
31. 对自己有点儿意思 duì zìjǐ yǒudiǎnr yìsi: be interested in someone
32. 站不住 zhàn bu zhù: cannot stand stably
33. 有麻烦 yǒu máfan: have trouble

的酒，然后跟胡老先生说："对不起，我先走了，再见！"他的脸和眼睛都是红的，走路都有点儿困难[34]了。他慢慢地离开了房间，连东南西北也不知道了……可是他还是想着青凤。

5

Want to check your understanding of this part?
Go to the questions on page 49–50.

---

34. 困难 kùnnan: difficult

3. 啊，黑脸的鬼是他!

第二天晚上耿去病又去了旧房子，希望能在那里看见青凤。他在房子旁边走过来走过去，这儿看看那儿看看，好几个小时过去了，可是一个人也没看见，他觉得很奇怪[35]。回家以后，他和家里人谈起这件事，打算把家搬过去，他觉得，青凤早晚[36]会来的，可是家里人不想搬过去，他就一个人搬过去，住在那个房子的楼下了。他在那里看书写字，每天都等着青凤。但他只是常常看见门自己开了又自己关上，有的时候也觉得好像有人在说话，可是看不见人进来，也看不见青凤。虽然看到这种事的时候，耿去病有点儿紧张，但是为了能见到青凤，他什么都不怕。

一天晚上，天很黑很黑，也很

---

35. 奇怪 qíguài: odd, queer, strange
36. 早晚 zǎowǎn: sooner or later

冷，已经是差几分十二点了，耿去病
还在看书。这时候，门自己开了，一
个黑脸的鬼来到他的房间，一下子坐
在他的前面，离他很近。那个黑脸的
鬼非常难看[37]，脸是黑颜色的，身体
是黑颜色的，穿的衣服也是黑颜色
的；眼睛是红的，像刚吃过人一样；
头上有一小块白色的东西，从那儿发
出[38]冷冷的白光。黑脸鬼一直用眼睛

5

37. 难看 nánkàn: ugly
38. 发出 fāchū: emit

不停³⁹地看着他，让他很不舒服。要
是别人看见这个黑脸鬼，一定怕死
了。可是耿去病一点儿都不怕。他看
着黑脸鬼笑了起来，放下书，一下子
5 把两只手放到桌子上写字用的墨汁⁴⁰
里，接着用手把自己的脸也画得特别
黑，然后对着⁸黑脸鬼大叫："喂，眼
睛看着我！"说完，和那个黑脸鬼眼睛
对着⁸眼睛看。他们脸对着⁸脸，眼睛
10 对着⁸眼睛，一动也不动地对着⁸看，

39. 不停 bùtíng: continuously
40. 墨汁 mòzhī: Chinese ink

好像在比赛一样。房间里什么也听不
见，一点儿声音[41]都没有。时间一分
钟一分钟地过去了。耿去病的眼睛一
直没离开黑脸鬼的眼睛，看着看着，
那个黑脸鬼紧张起来，开始怕他了，　5
也不再看他了。黑脸鬼开始一点儿一
点儿地往门那儿走，刚到门口，马上
就用手挡着头，像飞一样地跑了。耿
去病站在后边看着，快乐地大笑起
来，然后把脸洗干净，很舒服地去睡　10
觉了。

　　第二天晚上，大概十二点一刻的
时候，耿去病刚想睡觉，就听到楼上
有人开门，他忙起来穿上衬衫和裤
子。这时候又听到有人在上面走。他　15
走出房间，看见楼上的一间卧室里
有亮光[14]。他忙走上楼，借[42]着亮光[14]
往房间里一看，啊，是青凤在房间
里！他一下子叫起来："小姐！是你
啊，真想死我了！"青凤看见他过来，　20
忙把门关上了。耿去病站在门外边，
对青凤说："我不怕麻烦搬到这儿来，
就是希望能见到你，你别把门关上

41. 声音 shēngyīn: voice, sound
42. 借 jiè: by

啊。"青凤说："我懂你的意思，但是我们家是不让女孩子自己和外边的男人见面的。家里大人⁴³的话不能不听啊，你还是走吧。"耿去病不走，一定要见青凤："开门吧，让我好好儿⁷看看你。"他一次又一次地请青凤开门，还说："只要能和你在一起，我什么都不怕。就是不能在一起，能和你见面也行啊。"青凤不开门，只在房间里做自己的事，不再和耿去病说话了。见青凤不开门，耿去病就在门外边坐下来，对青凤说："我就坐在这儿等，看不见你，我就不走了。"青凤还是不开门。过了一会儿，青凤听见有一只狗叫起来。接着又听见耿去病大叫"啊，我的脚²⁹……疼死我了！"青凤在房间里再也坐不住⁴⁴了，她虽然不想让耿去病进来，觉得给耿去病开门不太合适，但还是开了门。她开门一看，三只狗正在对着⁸耿去病大叫，青凤很怕，可是耿去病一点儿也不怕，很快把狗打跑了。耿去病看见青凤，高兴极了，马上大叫大唱起来。

43. 大人 dàren: adults
44. 坐不住 zuò bu zhù: restless, can't sit still

　　青凤看到耿去病因为想见自己，
什么都不怕，觉得这样的人够朋友⁴⁵，
她对着⁸耿去病笑了。耿去病带她下
楼，来到他自己的房间。他让青凤参
观自己学习的地方，他有很多书，都 　5
是很贵的，还有很多很好看的画儿。
青凤很喜欢那些画儿，她注意到里面
有一张画儿只画了一半，画的是春
天……还没画完。青凤问："都是你画
的？"耿去病说："不是我，还能是 　10

45. 够朋友 gòu péngyou: deserve to be called a true friend

谁？”又开玩笑地说：“如果不是我画的，就是你画的了。还不错吧？”他又拿出自己写的字，让青凤看，那些字写得很漂亮。青凤想，“他这人又会画画儿，写字又好，好像什么都会啊。”她觉得和这样的人在一起挺有意思。她看了耿去病一下，说：“我来画一画试试。”说着拿起笔，在那张没画完的画儿上，三笔两笔就画上了两只小狐狸¹在路上玩儿，还在旁边写上自

己的名字——青凤。耿去病看了，高
兴得不知道说什么好。他真没想到，
青凤也会写字画画儿，画的画儿和写
的字也像她人一样漂亮。他们在一起
觉得很高兴，又说又笑，好像有很多 5
话说也说不完。

玩儿了一会儿，青凤有点儿不那
么高兴了，她说："过了今天晚上，我
们再想见面，就难了。""为什么？"耿
去病问她。青凤说："胡老先生怕你来 10
找我麻烦，昨天晚上他把自己变成³了
个鬼，给自己画了黑脸，去你的房
间。他想你要是怕了，你就会跑了，
以后就不会住在这里了。可是你不
怕，现在他怕了，所以他找到了新地 15
方，准备搬走。现在已经收拾完行
李，明天早上我们就都搬走了。"耿去
病说："啊，那个黑脸人是他？胡先生？
他想叫我怕他？那怎么可能呢？只要
能和你在一起，我死都不怕，还怕黑 20
脸鬼？！"青凤觉得耿去病对自己真
好，不过，她看了看门外，忙说："我
来这儿的时间不短了，胡老先生快要
回来了。让他看见麻烦就大了。我要

走了，再不走就晚了。"说完她想走，耿去病不让她走，说："小姐，你别怕，有我呢！"他们两人一个要走，一个不让走，就在这个时候，胡老先生走进了房间。

5

青凤看见他，马上紧张起来，脸一下红得像红苹果一样。她紧张地站在床旁边不说话。胡老先生先是黑着脸对耿去病大叫："你怎么能让青凤到你这里来？你真不是个好东西[46]！"然后又对着[8]青凤大叫起来："你太不

10

46. 不是个好东西 bú shì ge hǎo dōngxi: not a good guy

知道什么是好事，什么是坏事了，你怎么跟他在一起？太不懂事⁴⁷了！这对我们家来说⁴⁸是件天大的坏事。看我怎么打你，你马上给我出去！"青凤忙跑出房间，眼睛红红的。胡老先生也跟着出来，接着对她大叫，一直不停³⁹地说，说得青凤觉得自己真是没有脸见人⁴⁹了。

耿去病在旁边觉得脸上很热，非常不舒服。后来他再也看不下去⁵⁰了，他走过去，对站在门旁边的胡老先生说："都是我的错，青凤没有错，要说你就说我吧，或者你就重重地打我吧，都是我不对！"又挺客气地说："这事和青凤没关系，只要你放过⁵¹青凤，让我做什么都行！"可是过了很长时间，耿去病也没听到有人说话。再看看门外边，除了自己以外，一个人都没有。他也不知道这是怎么了，就用手打了一下自己的头。他真是不懂

5

10

15

20

47. 懂事 dǒngshì: sensible, thoughtful
48. 对（我们家）来说 duì (wǒmen jiā) láishuō: as for (our family)
49. 没有脸见人 méiyǒu liǎn jiàn rén: feel too shamed to face people
50. 看不下去 kàn bu xiàqù: cannot bear to watch anymore
51. 放过 fàngguo: let pass

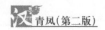

这是为什么，只好 52 回房间睡觉去了。

从这以后，这个房子里的门，不再自己开开和关上了，也再听不到音乐、听不到有人说笑唱歌了。

5　　耿家人觉得这些房子里老是 27 出一些奇怪 35 麻烦的事，很不舒服，打算把这些房子卖出去，便宜点儿也没关系。耿去病听说后很高兴，马上买下了这些房子。一家人很快就搬进去
10　了。他们在这里过了夏天又过了冬天。这个房子大，风景好，住得很舒服。不过耿去病一直忘不了青凤，他天天想着青凤，等着青凤，希望哪天能再见到她，还常常因为想她想得生
15　了病。但是青凤再也没有来过……

Want to check your understanding of this part?
Go to the questions on page 50–51.

52. 只好 zhǐhǎo: have no choice but to

4. 小狐狸[1]为什么不跑了？

　　第二年春天的四月五号，是中国的清明节[53]。这天天气很暖和，不冷不热。早上六点刚过几分钟，耿去病就吃完早饭，然后到城市附近的山上，去给已经死去的家人[17]送一些水果和酒菜。

　　中国人有个习惯，每年清明节[53]这天，每家人都会给已经死去的家人[17]送一点儿吃的东西，还和他们说说话，像对没死的人一样。这样做是为了让大家不忘死去的家人[17]。

　　这一天耿去病上山上得早，下午就往回走了。耿去病在下山回家的路上，看见有一只白色的大狗，跟着两只黄色的小狐狸[1]很快地往东跑去。大狗比小狐狸[1]长一些，跑得也比小狐狸快多了。

5

10

15

53. 清明节 Qīngmíng Jié: Clear and Bright Festival (a day for tomb-sweeping in China)

不一会儿，大狗和两只小狐狸[1]已经离得很近了。小狐狸[1]看上去[54]跑得很累，已经快跑不动[55]了。一只小狐狸[1]往南跑，一只小狐狸[1]往北跑。往南跑的小狐狸[1]一看见耿去病就不跑了。站在他前面，一点儿也不想离开，用它又黑又大的眼睛看着他，像是想说什么，可是又说不出来。耿去病觉得小狐狸[1]好像是在请自己帮助它。

54. 看上去 kàn shàngqu: look like
55. 跑不动 pǎo bu dòng: cannot run

　　大狗看见有人来了，怕人打它，没有跟过来，只是远远地看着。<u>耿去病</u>想，大狗是一定不会放过[51]这只小狐狸[1]的。他见小狐狸[1]挺可爱，挺让人喜欢的，就拿出一个包，把小狐狸[1]放到包里，然后把它带回了家。 5

　　到家以后，他把包放下，想看看包里的小狐狸[1]怎么样了。没想到，打开包以后，小狐狸[1]用黑眼睛看了看<u>耿去病</u>，动了动，叫了一下，站起来，变成[3]了<u>青凤</u>。<u>耿去病</u>看到小狐狸[1]变成[3]<u>青凤</u>，一下子说不出话来，太想不 10

到了，这是真的吗？自己帮助的小狐狸[1]就是青凤？自己认识的青凤一家是狐狸[1]世界[4]的?！

青凤对耿去病说："刚才我和那只小狐狸[1]一起玩儿，没想到大狗来了。如果不是看见你，我差一点儿就被大狗吃了。真的谢谢你！现在你不会因为我是狐狸[1]就不欢迎我吧？"耿去病说："我天天想你、找你，今天在这儿见到你，很不容易，怎么能不欢迎你呢？"青凤说："你还一直记着我，生死[56]不忘，真是太好了！刚才那只小狐狸[1]是我的朋友，她一定以为我让大狗吃了。她回去后，一定会跟家里人说我已经死了。现在咱们可以在一起了。"两人高兴极了。

耿去病让青凤住在他附近的房子里。他们见面很方便。他们常常在一起说说笑笑，唱歌跳舞，一起玩儿，一起看书，一起画画儿写字。他们在一起生活得很快乐。

Want to check your understanding of this part? Go to the questions on page 51.

56. 生死 shēngsǐ: life and death

5. 黑狐狸[1]是谁?

又过了两年多，一天晚上，耿去病正在看书的时候，房间的门开了，进来一个人。耿去病一看，没想到来的人是孝儿。耿去病忙放下书，让他快进来坐下。问："喂，好久不见，最近过得怎么样？怎么也不寄个信来？你这是从哪里来啊？"孝儿说："最近我爸爸有大难事了，除了你没人能帮助他。他自己不能来找你，所以我来见你。"耿去病问："什么事？"孝儿忙问他："你认识莫三郎吗？""认识啊，他爸爸和我爸爸从小[12]一起长大，是生死[56]朋友。我们两个人也从小[12]就是好朋友。他现在开着很大的商店，非常有钱。有空儿的时候，他喜欢骑马[57]，带着很多人到山里去打猎[58]。"

5

10

15

57. 马 mǎ: horse
58. 打猎 dǎ liè: hunt

孝儿一听挺高兴，说："听说他明天或者是后天要从这里过，如果他带着一只黑颜色的狐狸¹，请你一定别让他把它带走。"耿去病说："以前你爸爸不让我和青凤在一起，我不能忘。他的事，如果不是青凤来请我，我才不会帮他办呢。"孝儿说："可是青凤早在三年前就已经死了，到哪儿去找她啊！"耿去病很冷地说："那我就更不会帮他办了。"说完不再跟孝儿说

5

10

话，又去看书了。孝儿站在他桌子旁边跟他说："你要是不帮助我，我爸爸就没有办法了，只能死了。你别忘了，我叫你哥哥啊，你怎么也得帮我啊！"但是不管[59]孝儿怎么说，耿去病都是两个字：不帮。孝儿听耿去病这么说，头都大了，脸色[60]难看[37]极了，他觉得身上哪儿都疼，要站不住[32]了，就哭[61]了起来。可是耿去病还是不说话。最后孝儿见耿去病真的不愿意帮助他，只好[52]走了。

孝儿走后，耿去病忙走进青凤的卧室，把孝儿来的事告诉她。青凤听说以后，脸色[60]一下子变白了，站在那儿半天说不出话来。她看着耿去病的眼睛，紧张地问："你真的不帮他吗？"耿去病笑了，说："我还是要帮他的，说不帮他是开玩笑，谁让胡老先生以前不让咱们两人好呢？"青凤听他这么说才不紧张了。她告诉耿去病说："我小的时候爸爸妈妈就死了，我也没有哥哥姐姐。他，就是胡先生，

5

10

15

20

---

59. 不管 bùguǎn: in despite of
60. 脸色 liǎnsè: complexion, look
61. 哭 kū: cry

5

从小¹²就很疼我，好吃的、好穿的、好玩儿的都先给我。我生病感冒发烧都是他找医生给我看病，每年给我过生日，还送给我生日礼物。他把我养大⁶²，很不容易。虽然以前他说过我们，但是，那是因为对我好，对我们家好，他是希望我生活得好，怕我做错事，他那样做没有错。"听了青凤的话，耿去病觉得虽然她说的没错，但

62. 养大 yǎngdà: raise, bring up (children)

是还是很不舒服地说:"不过,我还是忘不了那些事,你要是死了,我是一定不会帮他的。"青凤看了看他,笑着说:"哪有你这么不懂事[47]的人啊,都是多少年以前的事了,你怎么还老记着?现在帮助人是最大的事了。"

第二天上午,莫三郎真的骑着大马[57]带着一个车队来了。车队里有好多辆马[57]车,前后左右还跟着很多人。莫三郎长得很高大,穿着很好看很干净的衣服,一看就知道那些衣服一定很贵。快到耿家的时候,他下了

5

10

马⁵⁷，走在最前面。跟他来的那些人穿的衣服都一样。走到耿家大门前，他们停下来²⁴，在门前站成两队。耿去病站在大门前面，非常高兴地欢迎

5 客人。客人的车里除了不少行李，还有很多大包和小包，都挺重的。包里放的都是打猎⁵⁸打来的东西，有天上⁶³飞的，有地上⁶⁴跑的。他们要在这儿住几天，休息一下再走。

10 两人见面问好⁶⁵以后，耿去病就帮着他们从车上往下搬东西。他非常注意地看每一个包，他想在那些包里找到黑狐狸¹，但是又不想让莫三郎知道这件事。东西快搬完了，还是没看

15 见黑狐狸¹。找不到黑狐狸¹，耿去病很着急⁶⁶，他坐下，又站起来，站起来，又坐下。就在这时候，莫三郎走过来说："老朋友，我让你看一件东西。"说着拿出一个包，打开包，只见

20 包里有个黑东西，还有点儿热。"你见过黑狐狸¹吗？以前看过的狐狸¹都是

63. 天上 tiānshang: in the heaven
64. 地上 dìshang: on the ground
65. 问好 wèn hǎo: send one's regards to, say hello to
66. 着急 zháo jí: worry, feel anxious

黄的、白的。可是，前些天我打到一只黑狐狸[1]，你快看看！"莫三郎高兴地说。

耿去病上前一看，啊，这不是自己要找的黑狐狸[1]吗？黑狐狸[1]的身上有好几个地方让人给打坏了，不过还没死。耿去病想要这只黑狐狸[1]，就对莫三郎说自己的衣服坏了，想要这只狐狸[1]做件冬天穿的衣服。莫三郎说："没问题，虽然我长这么大第一次看见黑色的狐狸[1]，但是我们是老朋友了，你要是喜欢就送给你做见面的礼物吧。"说完把黑狐狸[1]拿给他。耿去病非常高兴，"谢谢你，那我就收下了。"耿去病忙接过黑狐狸[1]，然后马上送到了青凤那里。

中午，他请莫三郎吃午饭。他们从小[12]就是好朋友，见面有说不完的话。他们一起喝了好几瓶酒，还是觉得没喝够，话也没说够。

客人还没有离开，青凤就找来大夫给黑狐狸[1]看病、吃药，又用水把它洗干净，让它休息。因为黑狐狸[1]正在发烧，青凤怕它冷，就把它放到自己

5

10

15

20

的身上，让它暖和一点儿，舒服一点儿。接下来的两天，黑狐狸[1]什么都不知道，一动也不动，一直在睡觉。

5　过了三天，客人都走了，黑狐狸[1]也好了。它从床上坐起来，叫了一下，变成[3]了<u>胡老先生</u>。

Want to check your understanding of this part?
Go to the questions on page 52.

6. 他们搬到一起住了

　　胡老先生从床上下来，在房间里走来走去，看看上边，看看下边，又看看左边，看看右边，不知道出了什么事[5]，也不清楚自己现在是活[2]着还是死了。青凤忙走上前，让胡老先生快上床休息，别走来走去的。还把这些天的事都告诉他了。最后她说："如果不是耿去病帮助，你可能早就死了。"胡老先生听完青凤的话，眼睛红红的，对耿去病说："真是太谢谢你了！以前的事，咱们就都别想了，以后我一定好好儿[7]地对你。"又看着青凤说："真是我的好孩子。怎么样，我早就跟别人说过，你是一定不会死的。希望你们以后生活得更好。"

　　青凤见胡老先生没事了，对耿去病也非常客气，她非常高兴。但是以后胡老先生一家怎么办呢？她想了想对耿去病说："你要是真的对我好，那么就请你送给我一个房子吧，我好帮助家里人。"耿去病马上说："当然可以，没问题，让他们快搬过来吧。"胡老先生在旁边听了特别不好意思，觉得脸发烧，脸色⁶⁰马上变红了。他又一次谢谢耿去病，然后就走了。到了天黑的时候，他带着家里人搬过来了。耿去病注意到，胡老先生家的事都是在晚上做的，他想，可能狐狸¹世界⁴喜欢在黑天做事吧。

从这以后，两家人住在一起，像一家人一样。耿去病和孝儿还是最好的好朋友。耿去病一直都有学习的习惯，有的时候看书，有的时候写字画画儿，有空儿就和孝儿谈谈历史、说说现在。他们常常一起喝酒，一喝就是好几瓶。两人都爱开玩笑，常常笑得肚子疼。青凤只要有空，一定跟他们一起谈画画儿写字的事，非常高兴。

　　几年以后，<u>耿去病</u>的孩子长大了，<u>孝儿</u>就做他们的老师，给他们上课，教他们写字、画画儿。他们生活得很快乐。

Want to check your understanding of this part?
Go to the questions on page 52.

To check your vocabulary of this reader,
Go to the questions on page 53.

To check your global understanding of this reader,
Go to the questions on page 54.

生词表
Vocabulary list

1	狐狸	húli	fox
2	活	huó	live
3	变成	biànchéng	become, turn into
4	世界	shìjiè	world
5	出事	chū shì	have an accident, meet with a mishap
6	多半	duōbàn	the greater part, very likely
7	好好儿	hǎohāor	all out
8	对着	duìzhe	facing, toward, to
9	白天	báitiān	daytime
10	看门	kān mén	be a gateman, look after the house
11	看	kān	look after, take care of
12	从小	cóngxiǎo	from childhood
13	老人家	lǎorénjiā	a respectful form of addressing old people
14	亮光	liàngguāng	light
15	远近	yuǎnjìn	far and near
16	互相	hùxiāng	mutually, each other
17	家人	jiārén	one's family members
18	谈得来	tán de lái	get along well (with somebody)
19	涂山外传	Tú Shān Wàizhuàn	an anecdotal biography of Mountain Tu
20	涂山	Tú Shān	a mountain in Anhui province
21	试试	shìshi	have a try

22	治水	zhì shuǐ	prevent floods by water control, regulate rivers and water course
23	大禹	Dà Yǔ	a king in the old Chinese myth who is believed to be the founder of Xia Dynasty (about 2070 BC—1600 BC)
24	停下来	tíng xialai	stop
25	草药	cǎoyào	herbal medicine
26	为	wèi	for
27	老是	lǎoshì	always
28	用……机会	yòng……jīhuì	take the chance of
29	脚	jiǎo	foot
30	还好	hái hǎo	not bad, luckily
31	对自己有点儿意思	duì zìjǐ yǒudiǎnr yìsi	be interested in someone
32	站不住	zhàn bu zhù	cannot stand stably
33	有麻烦	yǒu máfan	have trouble
34	困难	kùnnan	difficult
35	奇怪	qíguài	odd, queer, strange
36	早晚	zǎowǎn	sooner or later
37	难看	nánkàn	ugly
38	发出	fāchū	emit
39	不停	bùtíng	continuously
40	墨汁	mòzhī	Chinese ink
41	声音	shēngyīn	voice, sound
42	借	jiè	by
43	大人	dàren	adults
44	坐不住	zuò bu zhù	restless, can't sit still

45	够朋友	gòu péngyou	deserve to be called a true friend
46	不是个好东西	bú shì ge hǎo dōngxi	not a good guy
47	懂事	dǒngshì	sensible, thoughtful
48	对(我们家)来说	duì (wǒmen jiā) láishuō	as for (our family)
49	没有脸见人	méiyǒu liǎn jiàn rén	feel too shamed to face people
50	看不下去	kàn bu xiàqù	cannot bear to watch anymore
51	放过	fàngguo	let pass
52	只好	zhǐhǎo	have no choice but to
53	清明节	Qīngmíng Jié	Clear and Bright Festival (a day for tomb-sweeping in China)
54	看上去	kàn shàngqu	look like
55	跑不动	pǎo bu dòng	cannot run
56	生死	shēngsǐ	life and death
57	马	mǎ	horse
58	打猎	dǎ liè	hunt
59	不管	bùguǎn	in despite of
60	脸色	liǎnsè	complexion, look
61	哭	kū	cry
62	养大	yǎngdà	raise, bring up (children)
63	天上	tiānshang	in the heaven
64	地上	dìshang	on the ground
65	问好	wèn hǎo	send one's regards to, say hello to
66	着急	zháo jí	worry, feel anxious

练 习
Exercises

1. 门怎么自己开了?

根据故事选择正确答案。Select the correct answer for each of the questions.

(1) 耿家的人为什么搬到别的地方住? 因为他们的房子

    a. 太旧了   b. 叫他们很怕

(2) 耿去病为什么对那个房子感兴趣? 因为

    a. 他想买那个房子   b. 那个房子有奇怪[35]的事情

(3) 那天晚上,看门[10]的老人看见一个房子的楼上一会儿有亮光[14],一会儿又没有了,他做了什么?

    a. 很快去告诉耿去病   b. 他自己一个人跑了

(4) 听见有人在楼上说话,耿去病做什么了?

    a. 因为怕,所以他跑了

    b. 因为想知道是谁,所以他慢慢地走上楼

2. 房子里住的是什么人?

根据故事选择正确答案。Select the correct answer for each of the questions.

(1) 老先生看到耿去病来到他们家,说了什么?

    a. 你是什么人? 怎么进到我家里来了。

    b. 欢迎啊,欢迎!

(2) 听到耿去病是耿家的人,老先生做了什么?

    a. 请他走开   b. 请他喝酒吃饭

(3) 老先生的家人在历史上为国家做了什么好事?

　　a. 帮助大禹[23]治水[22]

　　b. 帮助大禹[23]找水

(4) 青凤对耿去病有兴趣吗?

　　a. 有　　　　　　　　b. 没有

(5) 青凤和孝儿的妈妈为什么先走了? 因为她们

　　a. 累了　　　　　　　b. 怕耿去病给他们带来麻烦[33]

(6) 青凤和孝儿的妈妈走了以后,耿去病做了什么?

　　a. 去找青凤　　　　　b. 自己一个人回家了

3. 啊,黑脸的鬼是他!

根据故事选择正确的答案。Select the correct answer for each of the questions.

(1) 第二天,耿去病又去了旧房子。因为他

　　a. 想再见到青凤　　　b. 没有地方住

(2) 有一天晚上,来了一个黑脸的鬼,想吓跑耿去病。耿去病做了什么?

　　a. 很怕,找看门[10]的老人帮忙

　　b. 把自己的脸画得很黑,想吓跑黑脸的鬼

(3) 第二天晚上,耿去病看见楼上有亮光[14],楼上的人是谁?

　　a. 青凤　　　　　　　b. 青凤和孝儿

(4) 青凤看见是耿去病,她做了什么?

　　a. 赶快想把门关上　　b. 赶快跑了

(5) 后来青凤看见了什么?

　　a. 有三只狗对着[8]耿去病大叫

　　b. 有三个鬼打耿去病

(6) 青凤告诉耿去病,那个黑脸的鬼是胡老先生变的,因为胡老先生怕

    a. 耿去病来找青凤的麻烦[33]

    b. 耿去病把他们的事情告诉别人

(7) 胡老先生来了,骂青凤不懂事[47],因为

    a. 青凤已经有男朋友了

    b. 女孩子不能自己和男人见面

(8) 胡老先生一家离开耿家的房子以前,耿去病又和青凤见面了吗?

    a. 见了   b. 没见

4. 小狐狸[1]为什么不跑了?

根据故事给下列句子排序。 Reorder the following sentences according to the plots of this chapter.

(1) 在回家的路上,他看见一只大白狗跟着两只小狐狸[1]很快地跑[1]。

(2) 往南跑的小狐狸[1]一看见耿去病就不跑了,想让他帮助它。

(3) 两只小狐狸[1]没有大狗跑得快,就一只往南跑,一只往北跑。

(4) 清明节[53]这一天,耿去病去给死去的家人[16]送一些水果和酒菜。

(5) 耿去病把那只小狐狸[1]带回了家,没想到小狐狸[1]就是青凤。

(6) 耿去病知道青凤是狐狸[1]以后,还是很喜欢她,请青凤住在他的房子里了。

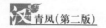

5. 黑狐狸[1]是谁?

下面的说法哪个对,哪个错? Mark the correct statements with "T" and the incorrect ones with "F".

(1) 孝儿想让耿去病帮他打莫三郎。 （　）

(2) 耿去病说他不想帮孝儿,孝儿很生气,打了耿去病。

（　）

(3) 孝儿不知道青凤还活[2]着。 （　）

(4) 黑狐狸[1]是耿去病打猎打来的。 （　）

(5) 黑狐狸[1]是孝儿变的。 （　）

6. **他们搬到一起住了**

根据故事选择正确的答案。Select the correct answer for each of the questions.

(1) 胡老先生一看见耿去病,说了什么?

　　a. 你不是个好东西,把女儿还给我!

　　b. 真是太谢谢你了!

(2) 耿去病请胡老先生一家和他住在一起,胡老先生愿意吗?

　　a. 愿意　　　　　　　　b. 不愿意

(3) 耿去病和青凤最后在一起了吗?

　　a. 在一起了,他们生活得很快乐

　　b. 没在一起,胡老先生把青凤带走了

词汇练习 Vocabulary exercises
选词填空 Fill in each blank with the most appropriate word

1. a. 离开   b. 好玩儿   c. 帮助   d. 有名   e. 希望
(1) 耿去病常常_____别人。
(2) 那个人看见房子的门自己开了,自己关上,很怕,就很快_____了。
(3) 耿去病喜欢_____的事情。
(4) 大禹²³是中国历史上很_____的人。
(5) 青凤走了以后,耿去病搬到耿家的房子,_____哪天能再见到她。

2. a. 干净   b. 参观   c. 欢迎   d. 愉快   e. 休息
(1) 耿去病带青凤_____了他的房子。
(2) 莫三郎老是穿着又_____又好的衣服。
(3) 胡老先生_____了几天就好了。
(4) 孝儿和耿去病在一起很_____。
(5) 莫三郎来到耿去病的家。耿去病站在大门前面,非常高兴地
_____他。

3. a. 多极了   b. 愿意   c. 怕死了   d. 打跑   e. 可爱
(1) 耿去病把狗_____了。
(2) 要是别人看见黑脸的鬼,一定_____,可是耿去病一点儿都不怕。
(3) 孝儿看到耿去病不_____帮他,只好走了。
(4) 耿家的房子_____。
(5) 青凤是一个很_____的小姑娘。

4. a. 收拾   b. 清楚   c. 参加   d. 骑马   e. 发烧
(1) 耿去病能_____地听到有人在楼上说话。
(2) _____旧房子的人看见门自己开自己关,很怕。
(3) 耿去病对老先生说他们吃饭应该请他_____。
(4) 黑狐狸¹在_____,病得很重。
(5) 莫三郎喜欢_____。

综合理解 Global understanding

根据整篇故事选择正确的答案。Select the correct answer for each of the gaped sentences in the following passage.

耿去病是一个什么都不怕的男孩子。听说耿家的房子有(a. 奇怪³⁵的事情 b. 漂亮的女孩子),他想去看一看。

有一天晚上,耿去病看见耿家的一个房子有亮光¹⁴,他上了楼,看见一家人在吃晚饭。胡老先生听说耿去病是(a. 莫三郎的朋友 b. 耿家的人),就请他吃饭,请他讲(a. 耿家和莫家 b. 涂山²⁰人)的历史,还让他和孝儿做(a. 朋友 b. 哥哥和弟弟)。青凤是胡老先生哥哥的女儿,耿去病一到她就喜欢她了。为了能再见到青凤,耿去病就搬到这个房子住了。胡老先生不愿意耿去病喜欢青凤,因为他怕耿去病(a. 给青凤带来麻烦³³ b. 对青凤不好),就变成一个(a. 黑脸的鬼 b. 黑狐狸¹),想吓跑耿去病,可耿去病一点儿都不怕。耿去病一直见不到青凤。后来,有一天晚上,他看见了青凤。青凤见到他就(a. 跑了 b. 欢迎他)。后来青凤看到耿去病是真的喜欢自己,就想(a. 和他做朋友 b. 和他一起走)。这时候,(a. 胡老先生 b. 孝儿的妈妈)来了,骂了他们,还带走了青凤。

一个清明节⁵³,耿去病去(a. 给死去的家人¹⁷送酒菜 b. 打猎)。在回家的路上,他看见(a. 一只大狗在跟着两只小狐狸跑¹ b. 一个人在卖狐狸¹)。有一只小狐狸¹看见耿去病就不跑了,想让耿去病帮助自己。耿去病把这只小狐狸¹带回了家。没想到,这只小狐狸¹就是青凤。

过了两年多,孝儿来找耿去病,请耿去病跟他的朋友莫三郎要(a. 一只黑狐狸¹ b. 一只大白狗)。耿去病这样做了。这只(a. 黑狐狸¹ b. 大白狗)就是(a. 胡老先生 b. 孝儿的妈妈)。

最后,胡老先生同意青凤和耿去病在一起了。他们一家和耿去病一家住在一起,生活得很快乐。

练习答案

Answer keys to the exercises

1. 门怎么自己开了?
   (1) b　　(2) b　　(3) a　　(4) b

2. 房子里住的是什么人?
   (1) a　　(2) b　　(3) a　　(4) a
   (5) b　　(6) b

3. 啊,黑脸的鬼是他!
   (1) a　　(2) b　　(3) a　　(4) a
   (5) a　　(6) a　　(7) b　　(8) b

4. 小狐狸[1]为什么不跑了?
   (4)(1)(3)(2)(5)(6)

5. 黑狐狸[1]是谁?
   (1) F　　(2) F　　(3) T　　(4) F　　(5) F

6. 他们搬到一起住了
   (1) b　　(2) a　　(3) a

词汇练习 Vocabulary exercises

1. (1) c   (2) a   (3) b   (4) d   (5) e

2. (1) b   (2) a   (3) e   (4) d   (5) c

3. (1) d   (2) c   (3) b   (4) a   (5) e

4. (1) b   (2) a   (3) c   (4) e   (5) d

综合理解 Global understanding

耿去病是一个什么都不怕的男孩子。听说耿家的房子有(a. 奇怪³⁵的事情),他想去看一看。

有一天晚上,耿去病看见耿家的一个房子有亮光¹⁴,他上了楼,看见一家人在吃晚饭。胡老先生听说耿去病是(b. 耿家的人),就请他吃饭,请他讲(b. 涂山²⁰人)的历史,还让他和孝儿做(b. 哥哥和弟弟)。青凤是胡老先生哥哥的女儿,耿去病一看到她就喜欢她了。为了能再见到青凤,耿去病就搬到这个房子住了。胡老先生不愿意耿去病喜欢青凤,因为他怕耿去病(a. 给青凤带来麻烦³³),就变成一个(a. 黑脸的鬼),想吓跑耿去病,可耿去病一点儿都不怕。耿去病一直见不到青凤。后来,有一天晚上,他看见了青凤。青凤见到他就(a. 跑了)。后来青凤看到耿去病是真的喜欢自己,就想(a. 和他做朋友)。这时候,(a. 胡老先生)来了,骂了他们,还带走了青凤。

一个清明节⁵³,耿去病去(a. 给死去的家人¹⁷送酒菜)。在回家的路上,他看见(a. 一只大狗在跟着两只小狐狸跑¹)。有一只小狐狸¹看见耿去病就不跑了,想让耿去病帮助自己。耿去病把这只小狐狸¹带回了家。没想到,这只小狐狸¹就是青凤。

过了两年多,孝儿来找耿去病,请耿去病跟他的朋友莫三郎要(a. 一只黑狐狸¹)。耿去病这样做了。这只(a. 黑狐狸¹)就是(a. 胡老先生)。

最后,胡老先生同意青凤和耿去病在一起了。他们一家和耿去病一家住在一起,生活得很快乐。

本书练习由王萍丽编写

为所有中文学习者（包括华裔子弟）编写的
第一套系列化、成规模、原创性的大型分级
轻松泛读丛书

"汉语风"（*Chinese Breeze*）分级系列读物简介

"汉语风"（*Chinese Breeze*）是一套大型中文分级泛读系列丛书。这套丛书以"学习者通过轻松、广泛的阅读提高语言的熟练程度，培养语感，增强对中文的兴趣和学习自信心"为基本理念，根据难度分为8个等级，每一级6—8册，共近60册，每册8,000至30,000字。丛书的读者对象为中文水平从初级（大致掌握300个常用词）一直到高级（掌握3,000—4,500个常用词）的大学生和中学生（包括修美国AP课程的学生），以及其他中文学习者。

"汉语风"分级读物在设计和创作上有以下九个主要特点：

一、等级完备，方便选择。精心设计的8个语言等级，能满足不同程度的中文学习者的需要，使他们都能找到适合自己语言水平的读物。8个等级的读物所使用的基本词汇数目如下：

第1级：300 基本词	第5级：1,500 基本词
第2级：500 基本词	第6级：2,100 基本词
第3级：750 基本词	第7级：3,000 基本词
第4级：1,100 基本词	第8级：4,500 基本词

为了选择适合自己的读物，读者可以先看看读物封底的故事介绍，如果能读懂大意，说明有能力读那本读物。如果读不懂，说明那本读物对你太难，应选择低一级的。读懂故事介绍以后，再看一下书后的生词总表，如果大部分生词都认识，说明那本读物对你太容易，应试着阅读更高一级的读物。

二、题材广泛，随意选读。丛书的内容和话题是青少年学生所喜欢的侦探历险、情感恋爱、社会风情、传记写实、科幻恐怖、神话传说等等。学习者可以根据自己的兴趣爱好进行选择，享受阅读的乐趣。

三、词汇实用，反复重现。各等级读物所选用的基础词语是该等级的学习者在中文交际中最需要最常用的。为研制"汉语风"各等级的基础词

表，"汉语风"工程首先建立了两个语料库：一个是大规模的当代中文书面语和口语语料库，一个是以世界上不同地区有代表性的40余套中文教材为基础的教材语言库。然后根据不同的交际语域和使用语体对语料样本进行分层标注，再根据语言学习的基本阶程对语料样本分别进行分层统计和综合统计，最后得出符合不同学习阶程需要的不同的词汇使用度表，以此作为"汉语风"等级词表的基础。此外，"汉语风"等级词表还参考了美国、英国等国和中国大陆、台湾、香港等地所建的10余个当代中文语料库的词语统计结果。以全新的理念和方法研制的"汉语风"分级基础词表，力求既具有较高的交际实用性，也能与学生所用的教材保持高度的相关性。此外，"汉语风"的各级基础词语在读物中都通过不同的语境反复出现，以巩固记忆，促进语言的学习。

四、易读易懂，生词率低。"汉语风"严格控制读物的词汇分布、语法难度、情节开展和文化负荷，使读物易读易懂。在较初级的读物中，生词的密度严格控制在不构成理解障碍的1.5%到2%之间，而且每个生词（本级基础词语之外的词）在一本读物中初次出现的当页用脚注做出简明注释，并在以后每次出现时都用相同的索引序号进行通篇索引，篇末还附有生词总索引，以方便学生查找，帮助理解。

五、作家原创，情节有趣。"汉语风"的故事以原创作品为主，多数读物由专业作家为本套丛书专门创作。各篇读物力求故事新颖有趣，情节符合中文学习者的阅读兴趣。丛书中也包括少量改写的作品，改写也由专业作家进行，改写的原作一般都特点鲜明、故事性强，通过改写降低语言难度，使之适合该等级读者阅读。

六、语言自然，地道有味。读物以真实自然的语言写作，不仅避免了一般中文教材语言的枯燥和"教师腔"，还力求鲜活地道。

七、插图丰富，版式清新。读物在文本中配有丰富的、与情节内容自然融合的插图，既帮助理解，也刺激阅读。读物的版式设计清新大方，富有情趣。

八、练习形式多样，附有习题答案。读物设计了不同形式的练习以促进学习者对读物的多层次理解；所有习题都在书后附有答案，以方便查对，利于学习。

九、配有录音，两种语速选择。各册读物所附的故事录音（MP3格式），有正常语速和慢速两种语速选择，学习者可以通过听的方式轻松学习、享受听故事的愉悦。故事录音可通过扫描封底的二维码获得，也可通过网址http://www.pup.cn/dl/newsmore.cfm?sSnom=d203下载。

ABOUT Hànyǔ Fēng (*Chinese Breeze*)

Hànyǔ Fēng (*Chinese Breeze*) is a large and innovative Chinese graded reader series which offers nearly 60 titles of enjoyable stories at eight language levels. It is designed for college and secondary school Chinese language learners from beginning to advanced levels (including AP Chinese students), offering them a new opportunity to read for pleasure and simultaneously developing real fluency, building confidence, and increasing motivation for Chinese learning. Hànyǔ Fēng has the following main features:

☆ Eight carefully graded levels increasing from 8,000 to 30,000 characters in length to suit the reading competence of first through fourth-year Chinese students:

Level 1: 300 base words	Level 5: 1,500 base words
Level 2: 500 base words	Level 6: 2,100 base words
Level 3: 750 base words	Level 7: 3,000 base words
Level 4: 1,100 base words	Level 8: 4,500 base words

To check if a reader is at one's reading level, a learner can first try to read the introduction of the story on the back cover. If the introduction is comprehensible, the leaner will be able to understand the story. Otherwise the learner should start from a lower level reader. To check whether a reader is too easy, the learner can skim the Vocabulary (new words) Index at the end of the text. If most of the words on the new word list are familiar to the learner, then she/ he should try a higher level reader.

☆ Wide choice of topics, including detective, adventure, romance, fantasy, science fiction, society, biography, mythology, horror, etc. to meet the diverse interests of both adult and young adult learners.

☆ Careful selection of the most useful vocabulary for real life communication in modern standard Chinese. The base vocabulary used for writing each level was generated from sophisticated computational analyses of very large written and spoken Chinese corpora as well as a language databank of over 40 commonly used or representative Chinese textbooks in different countries.

☆ Controlled distribution of vocabulary and grammar as well as the deployment of story plots and cultural references for easy reading and efficient learning, and highly recycled base words in various contexts at each level to maximize language development.

☆ Easy to understand, low new word density, and convenient new word glosses and indexes. In lower level readers, new word density is strictly limited to 1.5% to 2%. All new words are conveniently glossed with footnotes upon first appearance and also fully indexed throughout the texts as well as at the end of the text.

☆ Mostly original stories providing fresh and exciting material for Chinese learners (and even native Chinese speakers).

☆ Authentic and engaging language crafted by professional writers teamed with pedagogical experts.

☆ Fully illustrated texts with appealing layouts that facilitate understanding and increase enjoyment.

☆ Including a variety of activities to stimulate students' interaction with the text and answer keys to help check for detailed and global understanding.

☆ Audio files in MP3 format with two speed choices (normal and slow) accompanying each title for convenient auditory learning. Scan the QR code on the backcover, or visit the website http://www.pup.cn/dl/newsmore.cfm?sSnom=d203 to download the audio files.

"汉语风"系列读物其他分册
Other *Chinese Breeze* titles

"汉语风"全套共8级近60册,自2007年11月起由北京大学出版社陆续出版。下面是已经出版或近期即将出版的各册书目。请访问北京大学出版社网站(www.pup.cn)关注最新的出版动态。

Hànyǔ Fēng (*Chinese Breeze*) series consists of nearly 60 titles at eight language levels. They have been published in succession since November 2007 by Peking University Press. For most recently released titles, please visit the Peking University Press website at www.pup.cn.

第1级:300词级
Level 1:300 Word Level

错,错,错!
Wrong, Wrong, Wrong!

两个想上天的孩子
Two Children Seeking the Joy Bridge

我一定要找到她……
I Really Want to Find Her...

我可以请你跳舞吗?
Can I Dance with You?

向左向右
Left and Right: The Conjoined Brothers

你最喜欢谁?
Whom Do You Like More?

第2级：500词级
Level 2：500 Word Level

电脑公司的秘密
Secrets of a Computer Company

方新写了一个很好的软件(ruǎnjiàn: software)，没想到这个软件被人盗版(dàobǎn: be pirated)了。做盗版的是谁？他找了很久也没有找到。直到有一天，小月突然发现了这里的秘密(mìmì: secret)。她把这个秘密告诉了方新。但是，就在这个时候，做盗版的人发现了小月，要杀(shā: kill)了她……

Fang Xin was the developer of a popular software program. But he did not anticipate that the software was soon pirated for sale in large volumes. He had been searching for the pirates for a long time, but did not find them. One day, his wife Xiaoyue overheard a phone conversation in a store. She followed the caller and discovered the pirates. Nevertheless, Xiaoyue didn't think that she was already on the brink of death...

我家的大雁飞走了
Our Geese Have Gone

25年前，村里的人们还不知道大雁(yàn: wild goose)是应该保护(bǎohù: protect)的动物(dòngwù: animal)。爷爷最会打雁，打了大雁拿到城里，卖了钱给我上学。

可是，有一天，爷爷没有打到雁，因为雁队里有了一只很聪明的头雁(tóuyàn: lead goose)。在头雁带着雁队要飞走的时候，一只鹰(yīng: eagle)飞了过来，飞向一只小雁！

鹰太大了，头雁和鹰打了一会儿，伤(shāng: injure)得很重。爷爷帮助头雁，打走了鹰，让头雁住在家里。头雁的女朋友也来找它了。最会打雁的爷爷有了两个大雁朋友……

Twenty-five years ago, people in my village did not know that wild geese should be under protection from hunting. Among the hunters, my grandpa was the best. He brought the geese he shot back to town and sold them to pay for my schooling.

However, grandpa did not shoot one single goose on that day. It was all because of the vigilant lead goose in the flock. But at the moment when the flock was flying away, an eagle came. The eagle was hungry for young geese and pounced on one! The lead goose fought and fought with the eagle. But the eagle was too strong, and the lead goose was injured.

Without hesitation, grandpa repelled the eagle away. He brought the wounded lead goose home and took good care of it. Before long, the lead goose's mate flew over to join him in our home. Grandpa, the best hunter of wild geese, now had two goose friends...

如果没有你
If I Didn't Have You

黄小明是个小偷(xiǎotōu: pickpocket)。他很会偷(tōu: steal)东西,但是他只偷很有钱的人,钱少的人他不偷,也不让别的小偷偷他们。大学生夏雨(Xià Yǔ)的钱包被偷走了,他帮助夏雨要了回来;有个小偷偷了一位老奶奶的钱包(qiánbāo: wallet),他把钱包从那个小偷那里偷回来,送回到老奶奶的衣服里……

黄小明爱上了夏雨。有一次,黄小明偷了一个特别有钱的人。可是,这个钱包给他带来了大麻烦! 黄小明不知道应该怎么办,夏雨帮助了他。

可是,小偷黄小明能得到大学生夏雨的爱吗?

Xiaoming is a pickpocket. He is really good at stealing. But he only steals from rich people. He never touches those who are poor, and doesn't let other thieves steal from poor people either.

Xia Yu is a college freshman. She lost her purse at a railway station. Xiaoming got the purse back for her from the thief. Another time, a thief stole an old woman's wallet on a bus. Xiaoming stole the wallet back from the thief and put into the lady's jacket unobserved. More surprisingly, when Xiaoming is falling in love with Xia Yu, he lands into a big trouble after stealing a wallet from a very rich man.

Will Xiaoming the pickpocket win the love of Xia Yu, a pretty college student?

妈妈和儿子
Mother and Son

十几岁的儿子因为不快乐，离开了家，不知道去了哪里。妈妈找了很多地方，都没有找到他。为了等儿子回来，妈妈不出去见朋友，不去饭店吃饭，不出去旅行，不换住的房子，也不改电话号码。她就这样每天在家里等着儿子，等了一年又一年……

后来，儿子想妈妈了，他回来了。可是，家里的妈妈呢？妈妈在哪儿？！

A teenage boy left home because he thought he was unhappy. Nobody knew where he went. His mother was looking for him all around, but she did not find him. To wait for her son's coming back, she never went out with friends, never ate out, and never traveled away. She did not accept a great offer for relocating her home, or even changing her home phone number. She just stayed at home and waited for her son. She waited and waited for years.

One day, the son came back, missing his mother. However, the mother was not at home anymore...

出事以后
After the Accident

一个冬天的晚上,女老师在路上骑着自行车,她要回家,却突然倒(dǎo: fall)在了一辆汽车前面。开车的人马上停车,把女老师送到了附近的医院,给女老师挂号(guà hào: register for seeing a doctor)看病。

"病人叫什么名字?""她怎么了?""你是她的家人吧?"……护士有很多问题,可是开车的人什么也不回答,很快就走了。

……

但是,最后女老师还是找到了他。

One winter night, a teacher was on her way home. Suddenly she fell down from her bicycle in front of a car. The driver stopped his car right away and brought the teacher to a hospital nearby.

"The patient's name, please?" "What's the problem?" "Are you her relative?"... The nurse asked quite a few questions. But the driver answered nothing. He then quickly disappeared.

...

In the end, however, the teacher still saw the driver.

一张旧画儿
An Old Painting

旧画儿商店的老爷爷又一次把那张旧画儿拿起来,从上看到下,从左看到右,再慢慢拿高一点儿,好好儿地又看了几分钟。看着看着,他的眼睛一点儿一点儿地变大了。他看着站在边上的傻小,一个收破烂的孩子:"孩子,我给你钱!给你很多很多的钱,够你家的人用一百年——你把画儿卖给我!"

可是,傻小说:"对不起,老爷爷,这画儿我不能卖……"

In the art dealer's shop, the old gentleman picked up the old painting once again. He looked it up and down, left and right. He held it up, contemplating it for a few minutes. His eyes opened wider and wider. Finally, he turned to Shaxiao, the Little Silly, a rag boy who stood nearby, and said: "Sell this painting to me. I'll pay a lot of money, enough for your family to live on for a hundred years!"

Surprisingly, Shaxiao replied, "Sir, I'm sorry. But I can't sell it to you..."

第3级:750词级
Level 3: 750 Word Level

第三只眼睛
The Third Eye

画皮
The Painted Skin

留在中国的月亮石雕
The Moon Sculpture Left Behind

朋友
Friends

第4级:1,100词级
Level 4: 1,100 Word Level

好狗维克
Vick the Good Dog

两件红衬衫
Two Red Shirts